Hanna Backhaus

Dankbarkeit -
mein Schlüssel zum Glück

Hanna Backhaus

Dankbarkeit -
mein Schlüssel zum Glück

Brendow
Verlag | Alles, was Sinn macht!

Bibliografische Information der Deutschen Nationalbibliothek
Die Deutsche Nationalbibliothek verzeichnet diese Publikation in der Deutschen Nationalbibliografie; detaillierte bibliografische Daten sind im Internet über http://dnb.d-nb.de abrufbar.

Alle Bibelzitate wurden der Ausgabe „Hoffnung für alle" entnommen.

ISBN 978-3-86506-621-3

Einbandgestaltung: Brendow Verlag, Moers
Titelfoto: Fotolia/Shutterstock
Satz: Brendow Web & Print, Moers
Druck und Verarbeitung: fgb Freiburger Graphische Betriebe
Printed in Germany

www.brendow-verlag.de

Sich freuen heißt: Ausschauen
nach Gelegenheiten zur Dankbarkeit.
Karl Barth

Eine gute Nachricht

„Einmal wird uns gewiss die Rechnung präsentiert für den Sonnenschein und das Rauschen der Blätter, die sanften Maiglöckchen und die dunklen Tannen, für den Schnee und den Wind, den Vogelflug und das Gras ..." So beginnt ein Gedicht von Lothar Zenetti. So mancher hat ja so ein Gefühl, dass er irgendwann für alles im Leben bezahlen müsste. Aber das Gedicht schließt ganz anders: „Einmal wird es Zeit, dass wir aufbrechen und bezahlen. Bitte die Rechnung. Doch wir haben sie ohne den Wirt gemacht: Ich habe euch eingeladen, sagt der und lacht, so weit die Erde reicht: Es war mir ein Vergnügen."

Ich habe eine gute Nachricht für Sie! Sie können die Kunst des Dankens erlernen! Oder sind Sie bereits ein dankbarer Mensch? Sie haben sich darin schon eingeübt? Wie schätzen Sie sich selbst ein?

Übung 1:

Holen Sie sich doch mal Papier und Bleistift, vielleicht auch ein kleines Tagebuch. (Sie werden es im Laufe dieses Buches noch öfter gebrauchen können.) Schreiben Sie die Zahlen 1 bis 10 hinein und kreisen Sie dann die Zahl ein, von der Sie denken, dass sie Ihrem Dankbarkeitswert entspricht. Je dankbarer Sie sind, desto höher die Punktzahl.

Anschließend schreiben Sie das Datum dazu. Wie schätzen Sie sich selbst ein? Wie dankbar sind Sie? Gehen Sie, nachdem Sie sich Ihre Punkte notiert haben, zu einem Freund, einer Freundin, dem Partner, Kind, Nachbarn o.Ä, und bitten Sie diese Person, Sie ebenfalls einzuschätzen. Anschließend vergleichen Sie Ihr Selbstbild mit dem Fremdbild Ihres Bekannten. Sehen die anderen Sie auch so, wie Sie sich selbst sehen?

Reden Sie mit anderen über Ihre Ergebnisse, beten Sie und bitten Sie Gott, Sie auf die richtige Spur zu setzen, wenn es um Dankbarkeit geht!

____

____

____

Ein kleiner Junge ist mit seinem Opa unterwegs zum Metzger. Der Junge freut sich, dass er mitgehen darf, denn er weiß, dass beim Metzger immer etwas zum Naschen für ihn abfällt. Und tatsächlich, der Metzger beugt sich über die Ladentheke und fragt den Jungen, ob er ein Stück Wurst haben möchte. Natürlich bejaht der Kleine die Frage. Der Metzger schneidet ein Stück ab und gibt es ihm. Der beißt sofort hinein. Der Großvater: „Na, wie heißt das?“ Der Junge ganz laut: „Wurst!“

Wir lachen, weil wir alle wissen, dass da eigentlich ein kräftiges „Danke“ erwartet wurde. Ich glaube, Danke sagen und dankbar sein sind in unserer Zeit ziemlich aus der Mode gekommen. Viel Gutes, das wir erleben, nehmen wir als selbstverständlich hin, ohne uns bewusst zu machen, dass auf dieser Welt nichts selbstverständlich ist. Unsere Gesundheit, unser Lebensstandard, unsere Wohnverhältnisse, unser Klima, unsere Altersversorgung, das Straßennetz, dass wir zu essen und zu trinken haben – nichts ist selbstverständlich.

Es gehört fast zum guten Ton, hohe Ansprüche zu haben. Damit zeigt man den Menschen, dass man wichtig ist, dass man etwas wert ist. Das erscheint vielen wichtiger, als für die kleinen und unscheinbaren Dinge des Lebens dankbar zu sein. Wie viel Gutes nehmen wir ganz selbstverständlich hin, ohne darüber nachzudenken.

Aber keine Angst, ich werde nicht in das allgemeine Klagen und Meckern über die heutige Zeit einstimmen, darin, wie schrecklich alles ist. Nein, ich will bei mir selbst anfangen. Seit ich mich mit dem Thema Dankbarkeit befasse, beobachte ich mich sehr genau und habe dabei feststellen müssen, wie schnell sich jede Spur von Dankbarkeit im alltäglichen Kampf meines Lebens verliert. Wie schnell bin ich am Klagen und Jammern, wenn es mal schwie-

„Dankbarkeit ist demütig genug, sich etwas schenken zu lassen.“
Dietrich Bonhoeffer

rig wird, wenn ich vor Herausforderungen stehe, mit denen ich nicht gerechnet habe. Für Dankbarkeit ist da oft wenig Raum. Dabei dachte ich vorher eigentlich immer, dass ich ein dankbarer und fröhlicher Mensch sei.

Das Schlimme ist: Ich bin kein Einzelfall. Das Gute ist: Ich habe entdeckt, dass man etwas gegen diese Lebenseinstellung der Unzufriedenheit unternehmen kann. Haben Sie Lust, sich mit mir auf einen Weg zu begeben, an dessen Ende wir die Kunst des Dankens erlernen können? Wir machen Halt an fünf Meilensteinen, um die Kunst der Dankbarkeit zu verfeinern.

An der Kunst der Dankbarkeit zu arbeiten wird nicht dazu führen, dass wir immer schön brav „danke" sagen. Stattdessen können wir mehr und mehr lernen, eine innere Haltung der Dankbarkeit einzuüben, die dann einen Lebensstil der Zufriedenheit zur Folge hat ... Gefällt Ihnen das?

> Wer ist Ihrer Meinung nach glücklicher: Ein Mann mit 1 Million Euro auf dem Konto oder ein Mann mit 10 Kindern? Antwort: Der Mann mit den 10 Kindern, der will nicht mehr.

Wenn ich ein neues Thema betrachte, hilft es mir häufig, zuerst mal ins Herkunftswörterbuch zu schauen, um zu erfahren, was dieser oder jener Begriff bedeutet. Ich habe deshalb zunächst nach den zwei Begriffen „Kunst" und „Dank“ geschaut. Im Herkunftswörterbuch steht über „Kunst“: „durch Übung erworbenes Können“. Sprich: Ich muss etwas wieder und wieder üben, bis ich es wirklich „kann“. Das gilt auch für die Dankbarkeit. *Diese können wir uns nur durch Übung zu eigen machen. Das ist ein Prozess, keine punktuelle Entscheidung.* Haben wir es geschafft, dann sind wir Künstler. Lebenskünstler. Dankeskünstler.

Dank:
denken, gedenken, Gedanken, bedanken, verdanken, abdanken (ihn mit Dank verabschieden), dankbar, Dankbarkeit, Danksagung, zu Dank verpflichtet, Dank abstatten, Dank zollen

Dankbarkeit ist die Reaktion, die Antwort auf das Verhalten eines anderen.
Danken bedeutet: erwähnen, sagen, rühmlich erwähnen, geloben, versprechen, Beifall geben, gutheißen, loben = öffentlich auszeichnen

Eigenschaften eines dankbaren Menschen:
fröhlich, humorvoll, glücklich, angenehm, weise, gesund, gelassen, barmherzig, offen, hat Hoffnung, gerecht, beziehungsorientiert, herzlich, unverkrampft, gesellig, kann zuhören, zufrieden, wertschätzend, „intelligent“, selbstlos, freigiebig, behutsam, ausgeglichen, feinfühlig, gütig, gutmütig

Eigenschaften eines undankbaren Menschen:
unoffen (introvertiert), negativ, kritisiert ständig, egoistisch, verkrampft, mürrisch, unzufrieden, lieblos, geizig, verschlossen, stolz, streng, eng, Einzelgänger, kein Verständnis, ängstlich, kritisch

Wer Dankbarkeit einüben will, muss erst einmal anfangen, darüber nach-zu-denken. Danken bedeutet ursprünglich „denken", „gedenken" und bezeichnet zunächst eine innere Haltung, die erst in einem zweiten Schritt äußerlich sichtbar wird: etwa in einer dankbaren und fröhlichen Gesinnung.

Man kann nicht unglücklich und gleichzeitig dankbar sein.

Dankbarkeit richtet sich immer an ein Gegenüber. Bei mir ist dieses Gegenüber Gott, der Schöpfer aller Dinge. Er ist es, an den ich glaube, an dem ich mich festmache. Ich glaube daran, dass er existent ist. Die Ausrichtung auf dieses Gegenüber wirkt sich auf alle meine Lebensbereiche aus.

In den Sprüchen Salomos, eines weisen Königs, der vor etwa 3000 Jahren gelebt hat, steht: „Was ich dir jetzt rate, ist wichtiger als alles andere: Achte auf deine Gedanken und Gefühle, denn sie beeinflussen dein ganzes Leben!" (Sprüche 4, 23) Das bedeutet: Entsprechend unserer Gesinnung, unserer inneren Grundhaltung, verhalten wir uns auch nach außen. Wie ein Mensch denkt und fühlt, so lebt er auch! Das können andere oft schneller erkennen als wir selbst. Welche innere Haltung uns trägt und vorantreibt, sieht man uns sprichwörtlich an der Nase an. Manchmal gelingt es uns, dies zu verstecken. Aber letztendlich wird es doch deutlich.

Oft gleicht unser Selbstbild ja mehr einem Wunschbild. Wenn wir mal einen anderen bitten: „Sag mal, wie wirke ich eigentlich auf dich?", kann es vorkommen, dass er eine ganz andere Meinung äußert, als wir erwartet haben. Vielleicht denke ich über mich selbst: „Ich bin so fröhlich und dankbar", aber der andere sagt: „Also, ich empfinde, dass du oft miesepetrig bist." Das kann ein heilsamer Schreck sein. „Hey, das habe ich noch nie wahrgenommen." Erst dann kommen wir vielleicht auf die Idee, uns selbst genauer zu beobachten, ohne das auszublenden, was uns nicht gefällt. Es ist hilfreich, das Selbstbild und das Bild, das andere von uns haben, anzugleichen, auch wenn es wehtut. So erkennen wir, wo wir noch ausbaufähiges Potenzial in unserer Person haben.

„Nicht die Glücklichen sind dankbar, es sind die Dankbaren, die glücklich sind."
Francis Bacon

Dankbarkeit passiert nicht „einfach so". Danke sagen ist eine Sache meines Willens und der Entscheidung, nicht nur meines Gefühls. „Danke" sagen kann ich auch, wenn ich es gar nicht empfinde. Ein einfaches Beispiel: Ich bekomme ein Geschenk und eigentlich gefällt es mir nicht. Aber ich weiß, dass der Schenker sich viel Mühe gegeben hat, dass er sich Gedanken gemacht hat darüber, was mir gefallen könnte. Allein dafür gebührt ihm doch schon mal ein Dankeschön, oder?

Klein-Lisa zu ihrer Patentante nach ihrem Geburtstag: „Danke, Tante Doris, für das schöne Geburtstagsgeschenk!“ Die Tante daraufhin, wie sich's gehört: „Ach, nichts zu danken!“ Lisa: „Das habe ich ja eigentlich auch gedacht, aber Mama meinte, ich soll mich trotzdem bedanken!“

Nimm dir vor, einen Tag lang, so oft es geht, das Wörtchen „danke“ gegenüber anderen zu gebrauchen. Bleibe dabei ehrlich; also nicht Danke sagen, wo du keinerlei Dankbarkeit empfindest.

Beispiele:
Danke, dass du mir zugehört hast.
Danke für deine Freundlichkeit.
Danke, dass du pünktlich bist.
Danke, dass wir uns kennen.
Danke für diesen Gedanken.
Danke für diese Frage.
Danke für den Tipp.
Danke für das gute Essen.

Ich möchte Ihnen 5 Meilensteine vorstellen, mit deren Hilfe Sie Dankbarkeit langsam, aber stetig einüben können.

Meilenstein 1:	Veränderung des Denkens
Meilenstein 2:	Werden Sie zum Optimisten
Meilenstein 3:	Dankbarer Umgang mit Mitmenschen
Meilenstein 4:	Neid entlarven
Meilenstein 5:	Dankbar auch in Schwierigkeiten

Meilenstein 1

Veränderung des Denkens

Der erste Meilenstein auf dem Weg, uns eine dankbare Haltung anzutrainieren, heißt: Veränderung des Denkens! Manche Menschen stehen in der Gefahr, sich ausschließlich von ihren Gefühlen, ihren Empfindungen und ihrem Bauch bestimmen zu lassen. Die Frage stellt sich: Wer bestimmt mein Leben? Meine Gefühle und Verletzungen – oder mein Verstand?

Ein Beispiel: Es regnet und ich ärgere mich darüber. Mein Gefühl sagt mir: „Wie unangenehm und ungemütlich ist das Wetter doch!" Mein Verstand sagt mir aber etwas anderes: Eigentlich ist es gut, sogar sehr gut, dass es regnet, denn mein Garten und die gesamte Landwirtschaft hat seit Wochen keinen richtigen Regen mehr abbekommen.

An fremden Gedanken lernt man eigene Gedanken denken.

Oft kann ich erst danken, nachdem ich nachgedacht habe, wofür ich überhaupt dankbar sein kann.

„Danke sagen trägt das Gute der Vergangenheit in die Gegenwart." Manchmal wache ich morgens auf und denke sofort an all das, was mich an diesem Tag an Aufgaben erwartet. Und dann ist der Wunsch nicht fern: „Ach, könnte ich doch im Bett liegen bleiben." Aber fangen Sie den Tag doch mal damit an, dafür zu danken, dass Sie eine gute Nacht hatten (falls das der Fall war), dass Sie keine Alpträume hatten, für das schöne warme Bett usw. Versuchen Sie, sich die Dinge vor Augen zu halten, für die Sie dankbar sein können – und dann danken Sie dafür.

Übung 2

Halten Sie in Ihrem Alltag immer mal wieder ein, auch wenn Sie denken, eigentlich keine Zeit dafür zu haben. Halten Sie ein am Schreibtisch, in der Wohnung, beim Putzen oder Kochen (aber lassen Sie das Essen nicht anbrennen, das gibt nur Ärger!). Setzen Sie sich für eine kurze Zeit an Ihren Schreibtisch oder in Ihren Sessel, stellen Sie sich mal einen Moment ans Fenster und machen Sie eine kleine Pause vom Alltag. Und jetzt überlegen Sie, ob es kleine oder große Anlässe der Dankbarkeit gibt, selbst in allem Chaos und bei aller Arbeit.

Denken Sie nicht an Ihre Schmerzen im Knie oder an die Kinder, die heute Morgen mit Schimpf und Gezeter aus dem Haus gegangen sind. Auch daran nicht, wie blöd Sie Ihre Kollegin finden. Denn: *Man kann sich zwar den ganzen Tag aufregen, aber man ist nicht verpflichtet dazu. Wer oder was Sie aufregt, das entscheiden immer noch Sie selbst.* Nicht andere ärgern Sie, sondern Sie entscheiden sich, sich zu ärgern.

Entscheiden Sie sich bewusst dafür, über die Dinge nachzudenken, die Sie in letzter Zeit erfreut haben. Und dann sagen Sie Danke für das Gute. Bauen Sie sich eine Dank-Stelle in Ihrem Leben ein, die zur Tankstelle für Sie werden kann. Vielleicht schreiben Sie die Anlässe, für die Sie dankbar sind, auf einen kleinen Zettel und kleben diesen anschließend an den Kühlschrank oder an den Spiegel, an die Waschmaschine, an den Computer, auf das Armaturenbrett Ihres Autos, sodass Sie immer daran erinnert werden.

Wenn Sie das tun, werden Sie feststellen, dass Sie Ihren Alltag zuversichtlicher, mutiger und fröhlicher gestalten. Auch Ihre Stimmung hebt sich, Sie sind nach dieser Übung nicht mehr derselbe wie vorher. Die düsteren Gedanken verschwinden und das Gute gewinnt die Oberhand. Das ist ein längerer Lernprozess, der nicht immer sofort zum Erfolg führt. Haben Sie Geduld mit sich selbst.

Die Idee, dem Guten nachzudenken, ist übrigens keine Erfindung der Esoterik, auch nicht von Norman Vincent Peale, dem Autor des Bestsellers „Die Kraft des positiven Denkens". Schon vor über 3000 Jahren hatte ein weiser Mann diese Erkenntnis: David, der König von Israel, gibt sich selbst und seinem Verstand den Rat: „Ich *will* den Herrn loben und nie vergessen, wie viel Gutes er mir getan hat!" (Psalm 103,2). Hier wird der *Wille* betont. *David entscheidet sich, dankbar zu sein. Und dieser Entschluss wiederum beeinflusst dann seine Emotionen, nicht umgekehrt.* Es ist eine Sache Ihres Willens und Ihrer Entscheidung, ob Sie Danke sagen oder sich von den vielen negativen Dingen des Alltags unterkriegen lassen.

Der Apostel Paulus gibt den Christen in Rom einen Tipp, der in eine ähnliche Richtung geht: „Deshalb orientiert euch nicht am Verhalten und an den Gewohnheiten dieser Welt." (Römer 12,2). Etwas anders formuliert könnte man sagen: Orientiert euch nicht an den Gewohnheiten der breiten Masse, dem Zeitgeist, den Medien, sondern, jetzt wieder Paulus, „... lasst euch von Gott durch Veränderung eurer *Denkweise* in neue Menschen verwandeln. Dann werdet ihr wissen, was Gott von euch will: Es ist das, was gut ist und ihn freut und seinem Willen vollkommen entspricht." (Römer 12,2)

Wenn unsere Denkweise verändert wird, werden wir zu Menschen, die dankbar, hoffnungsvoll und ermutigend durch den Tag gehen. Probieren Sie es aus! Dann werden Sie sehen, dass Sie eine neue Ausgangsbasis für Ihr Leben gewonnen haben. Machen Sie aus Denkgewohnheiten immer auch Dankgewohnheiten.

Übung 3

Schreiben Sie vor dem Schlafen drei Punkte auf, für die Sie dankbar sind!

Auf die Perspektive kommt es an!

Ich bin dankbar ...

für die Steuern, die ich zahle ...
weil das bedeutet, ich habe Arbeit und Einkommen.

für die Kleidung, die ein bisschen zu eng sitzt ...
weil das bedeutet, ich habe genug zum Essen.

für das Durcheinander nach einer Feier, das ich aufräumen muss ...
weil das bedeutet, ich war von Freunden umgeben.

für den Rasen, der gemäht, die Fenster, die geputzt werden müssen ...
weil das bedeutet, ich habe ein Zuhause.

für die laut geäußerten Beschwerden über die Regierung ...
weil das bedeutet, wir leben in einem freien Land und haben das Recht auf freie Meinungsäußerung.

für die Parklücke ganz hinten in der äußersten Ecke des Parkplatzes ...
weil das bedeutet, ich kann mir ein Auto leisten.

für die Frau, die in der Gemeinde hinter mir sitzt und falsch singt ...
weil das bedeutet, dass ich gut hören kann.

für die Wäsche und den Bügelberg ...
weil das bedeutet, dass ich genug Kleidung habe.

für die Müdigkeit und die schmerzenden Muskeln am Ende eines Tages ...
weil das bedeutet, ich bin fähig, hart zu arbeiten.

für den Wecker, der morgens klingelt ...
weil das bedeutet, dass ich am Leben bin und mir wieder ein neuer Tag geschenkt wird.

Meilenstein 2

Werden Sie zum Optimisten

„Ja, wie kann man denn Optimist werden?“, sagen Sie jetzt vielleicht, „ich bin eher der Mensch, der das halb leere Glas sieht, das halb volle habe ich nicht so im Blick.“ Ich habe eine ermutigende Nachricht für Sie! Eine neue Strömung in der Psychologie weist uns einen Weg, wie auch scheinbar festgefahrene Denkmuster verändert werden können. Dabei konzentriert man sich weniger auf die Defizite und Krankheiten als vielmehr auf die positiven Aspekte und Qualitäten des Menschseins. *Man achtet in erster Linie auf Stärken, Fähigkeiten und die noch zu entwickelnden Ressourcen in einem selbst.*

In der praktischen Umsetzung bedeutet das, dass ich mich nicht mehr vorrangig frage: „Was macht mich krank?“, sondern: „Was gibt mir Kraft, um den Herausforderungen meines Lebens entgegentreten zu können?“ Dieses Denkmuster kann ich antrainieren. Dann ist es möglich, dass sich unsere Grundhaltung langsam, aber doch kontinuierlich verändert.

Die Hirnforschung hat herausgefunden, dass die Sätze, die ich mir selbst sage, mein Gehirn so beeinflussen, dass es Auswirkungen auf meinen ganzen Körper hat. Wenn sich eine Grundhaltung, die sich seit Jahren eingeschliffen hat und die Sie so (unbewusst) beständig eingeübt haben, verändern soll, brauchen Sie Geduld. *Sie brauchen gute und gesunde Einreden, die die alte Grundhaltung nach und nach aus Ihrem Leben vertreiben, wenn es denn eine mürrische und negative ist.* Sie können eine neue Grundhaltung einüben.

Gebet: „So weit, Gott, habe ich heute alles richtig gemacht. Ich habe niemanden verleumdet, habe meine Beherrschung nicht verloren, war weder gierig noch unleidlich, nicht ekelhaft, nicht selbstsüchtig und auch nicht unnachsichtig. Ich bin sehr dankbar dafür. Aber in wenigen Minuten, Gott, werde ich aus diesem Bett aufstehen. Und von da an benötige ich möglicherweise ein wenig mehr Hilfe. Amen."

Man hat mit zwei Probanden einen Test gemacht. Der eine hat sich ständig gesagt: „Ich fühle mich wach und stark!", der andere sagte sich das genaue Gegenteil: „Ich bin so müde, es geht mir so schlecht, ich halt dem Druck nicht stand." Beide mussten einen Arm ausstrecken und dann hat jemand versucht, diesen runterzudrücken. Der Arm desjenigen, der immer wieder von sich behauptete: „Ich fühle mich wach und ich fühle mich stark", war viel schwieriger runterzudrücken als der Arm der zweiten Testperson. Und das, obwohl beide Männer gleich stark waren.

Unsere Denkweise beeinflusst also auch die körperliche Widerstandskraft und sogar unser Immunsystem. Kennen Sie das? Da haben wir eine Zeit seelischer Belastung (sei es Stress im Job oder in der Familie) endlich überstanden, die Aufgabe ist vorbei – und dann klappen wir zusammen wie ein Kartenhaus. Solange unser Körper sagt: „Jetzt muss es gehen!“, geht es auch. Aber sobald er das nicht mehr tut, kapituliert er vor der Krankheit.

Der Pessimist findet zu jeder Lösung das passende Problem.

Übung 4

Schreiben Sie sich Ihre Einreden (oder Ausreden) auf. Was sind Ihre Standardsätze? Manche davon können schnell zu Lebenslügen werden. Im Folgenden ein paar Beispiele.

- Ich kann alles.
- Ich kann nichts.
- Für die Bühne bin ich ungeeignet.
- Wenn man mich fragt, mache ich alles, man muss mich nur bitten.
- Ich bin nur wertvoll, wenn ich erfolgreich bin.
- Hoffentlich merkt keiner, wie aufgeregt ich bin.
- Das habe ich noch nie gemacht.
- Ich bin unmusikalisch.
- Immer muss ich alles ausbaden.
- Ich bin immer für andere da.
- Meine Fähigkeiten hat noch keiner entdeckt.

- Ich wünsche mir mehr Anerkennung.
- Ich erwarte nichts von den anderen.
- Ich stecke in einer Sackgasse.
- Typisch für mich.
- Keiner weiß, wie ich wirklich bin.
- Ich bin nur Durchschnitt.
- Die Welt ist ungerecht.
- Das kann auch nur mir passieren.
- Ich bin halt anspruchsvoll.
- ____

  ____

  ____

Von der Lebenslüge zu den Verheißungen Gottes:

- Ich nutze meine Stärken.
- Ich nehme mir auch Zeit für mich.
- Ich anerkenne mich selbst.
- Ich habe Mut zur Veränderung.
- Ich entdecke meine Ziele.
- Ich darf Anerkennung annehmen.
- Ich schaffe mir neuen Spielraum.
- Ich nehme mich an, so wie ich bin.
- Ich schaffe das!

Nun lautet die spannende Frage: Kann wirklich jeder zum Optimisten werden? Was ist mit den Menschen, die schon in frühester Kindheit, in den prägenden Jahren, entmutigt wurden? *Was ist mit denen, die schon in den ersten Jahren ihres Lebens, nicht aus eigenem Verschulden, sondern aufgrund negativer und schmerzhafter Einwirkungen, eine pessimistische Grundhaltung entwickelt haben?* Denen man von klein auf eingeredet hat: „Lass es doch, du kannst es nicht!" „Da siehst du es doch." „Fang doch erst gar nicht an." „Glaub mir doch, du bist dafür nicht geeignet." „Lass es lieber, bevor du auf die Schnauze fällst." „Das schaffst du sowieso nicht." „Du bist zu jung, zu alt, zu klein, zu groß, zu dünn oder zu dick." „Das macht man nicht als Frau." „Und du willst ein Junge sein?" Auch für diese Menschen gibt es Hoffnung.

Ein Optimist ist jemand, der Kreuzworträtsel mit Tinte löst.

Eine Schwierigkeit ist nicht ausschließlich eine Schwierigkeit, sondern immer auch eine Herausforderung! Jede Erfindung auf dieser Welt hatte zunächst ein Problem als Ausgangspunkt. Und Erfindungen haben diese beseitigt, gemindert oder verändert (Airbags, Sicherheitsgurte, Küchenmaschinen, Kühlschränke, Telefon, Heizkissen usw.). *Die Entscheidung, wie ich auf ein Problem oder eine erlittene Verletzung reagiere, liegt bei mir: Als Erwachsener kann ich nicht mehr meine Eltern (meine Schwester, meinen Onkel, meinen Lehrer ...) für mein Leben, mein Denken und meine Lebensweise verantwortlich machen.* Denkgewohnheiten sind veränderbar!

Sicher haben Sie schon Menschen kennengelernt, die sagen: „Ich hatte eine schwierige Kindheit", „ich habe viel Schläge bekommen", „ich bin missachtet worden in meiner Persönlichkeit" oder ähnlich schreckliche Dinge. Viele sind unter diesem Druck zerbrochen und leiden bis heute an den erlittenen seelischen Verletzungen. Daneben gibt es aber auch Menschen, denen es gelungen ist, sich trotzdem zu gesunden und positiven Persönlichkeiten zu entwickeln.

Wie wir mit solchen Herausforderungen und Belastungen aus der Kindheit umgehen, ist eine Entscheidung! Als Erwachsene haben wir selbst die Verantwortung für unsere Grundhaltung, haben wir selbst die Verantwortung dafür, wie wir das, was auf uns eingewirkt hat, bewerten.

Noch einmal die Hirnforschung: Unser Gehirn verfügt über enorme Ressourcen, z.B. die Sprache: Sie ist zunächst ein nicht entwickeltes Potenzial, das bei der Geburt im Menschen bereits vorliegt, aber nicht entfaltet ist. Das Rüstzeug ist vorhanden, aber erst, wenn das Kleinkind lernt, dieses zu nutzen, kann es sprechen. Ebenso ist in unserem Gehirn angelegt, dass wir eine neue Haltung einüben können, trotz schwieriger Erfahrungen. Wenn ein Mensch mit eher pessimistischer Sichtweise zum Optimisten werden will, dann hat er in seinem Gehirn die Grundvoraussetzungen dafür zur freien Verfügung. Selbst der Apostel Paulus setzt das voraus, wenn er den Römern empfiehlt: „Lass dich nicht vom Bösen überwinden, sondern überwinde das Böse durch das Gute!“ (Römer 12,21)

Ein Optimist findet immer einen Weg, ein Pessimist findet immer eine Sackgasse!

Wir können Dinge überwinden, die uns eine Verletzung oder Schmerzen zugefügt haben. *Wir können oft nicht die Umstände unseres Lebens ändern (besonders die nicht, die wir erlebt haben, als wir noch nicht stark genug waren, um sie selbst zu verändern), aber wir sind in der Lage, den Blickwinkel auf diese neu auszurichten.* Das Danken zu üben ist ein wichtiger Schritt zu einer neuen Sichtweise! Jeder Dank ist ein Neuanfang.

In der Tür eines Pfarrhauses steht ein Hausierer mit einem Koffer. „Ich habe einen sehr hübschen Pullover für Ihre Größe." – „Danke, ich brauche keinen Pullover." – „Ich habe auch Damenstrümpfe." – „Brauche ich auch nicht." – „Dann vielleicht ein Taschenmesser?" – „Taschenmesser habe ich auch." – „Oder einen prima Kugelschreiber." – „Habe ich auch. Ich brauche nichts. Ist das klar?" – „Dann vielleicht ein Gebetbuch. Damit Sie Gott danken können, dass Sie alles haben!"

Wenn Sie ein Optimist werden möchten, schreiben Sie täglich die erlebten Glücksmomente auf. Richten Sie Ihre Aufmerksamkeit wie einen Spot auf das Gute, das in Ihrem Leben passiert, und auf Situationen, über die Sie sich gefreut haben. Dann werden Sie vieles, was Ihnen jetzt noch belastend erscheint, nicht mehr so hoch einschätzen. Und was Sie schwarz auf weiß haben, prägt sich ein, besonders dann, wenn Sie es sich immer wieder zu Gemüte führen.

Noch eine Empfehlung aus dem Neuen Testament will ich weitergeben. Wieder liegt die Verbindung zu den Entdeckungen der Hirnforschung nahe: „Schließlich, meine lieben Brüder und Schwestern, orientiert euch an dem, was wahrhaftig, gut und gerecht, was redlich und liebenswert ist und einen guten Ruf hat, an dem, was auch bei euren Mitmenschen als Tugend gilt und Lob verdient." (Philipper 4,8). Das Gegenteil davon wird uns ständig in der Zeitung, im Fernsehen und in den Nachrichten serviert: Nur eine schlechte Nachricht ist eine gute Nachricht. Die Bilder und Katastrophennachrichten schockieren uns zutiefst. Gleich morgens, wenn wir frühstücken, fängt der Negativstrudel an. Es wird uns alles mund- und augengerecht serviert. Wir stehen mit Katastrophenmeldungen auf und gehen mit Katastrophenmeldungen ins Bett. Diese Bilder dürfen uns nicht vom Grund her bestimmen. Schalten Sie öfters mal aus, schließen Sie die Augen. Es gibt ein Lied von „Arno & Andreas" mit dem Text: „Die Seele ist ein Teppich, auf dem nicht jeder trampeln soll." Lassen Sie nicht jedes Bild und jede Information in Ihren Kopf und Ihr Herz eindringen. *Werden Sie Türsteher Ihrer Seele, entscheiden Sie, wen Sie in Ihr Innerstes hineinlassen, für welche Gedanken und Inhalte Sie sich öffnen und für welche nicht.*

Dankbarkeit ist der Wächter der Seele gegen die Mächte der Zerstörung!

Machen Sie sich immer wieder bewusst, wie viel Gutes Ihnen passiert, dann wird Ihr Leben, wie Ulla Schaible mal formuliert hat, zu Brausepulver – durch Dankbarkeit bekommt es Farbe und beginnt zu sprudeln! Dann fangen Sie auch bald an, die Dankbarkeit in Ihrem Herzen an andere weiterzugeben. Wir werden positiv und hören auf, schlecht über unsere Mitmenschen zu reden. Das wiederum wird positive Auswirkungen auf die Menschen in Ihrem Umfeld haben!

Hier ein paar Anregungen, warum wir auch für vermeintlich Negatives in unserem Leben dankbar sein können bzw. dafür, wie eine veränderte Sichtweise auf negative Umstände aussehen kann:

- Ich habe den Zug verpasst,
  dadurch konnte ich Zeitung lesen und wichtige Informationen erhalten.
- Ich habe AD(H)S.
  Das macht mich fähig, Menschen zu helfen, die ebenfalls unter AD(H)S leiden.
- Wir haben nicht genügend Geld und können keinen Urlaub auf Korsika machen.
  Wir beschränken uns auf Deutschland und lernen unbekannte, aber wunderschöne Gegenden kennen.
- Ich bin krank
  und habe endlich Zeit, ein gutes Buch lesen.
- Ich habe die Straßenbahn verpasst.
  Ich gehe zu Fuß und tue meiner Gesundheit etwas Gutes.

- Mein Burn-Out hat mich völlig überrannt.
  Das zwingt mich, einen gelasseneren Lebensstil einzuüben und ich erfahre, wie gut mir das tut.
- Ich bin hilflos und komme in bestimmten Dingen nicht weiter.
  Dadurch benötige ich Hilfe anderer und kann meinen Stolz in Angriff nehmen.

In Stein graviert

Zwei Freunde wanderten durch die Wüste. Während der Wanderung kam es zu einem Streit und der eine schlug dem anderen im Affekt ins Gesicht. Der Geschlagene war gekränkt. Ohne ein Wort zu sagen, kniete er nieder und schrieb folgende Worte in den Sand: „Heute hat mich mein bester Freund ins Gesicht geschlagen."

Sie setzten ihre Wanderung fort und kamen bald darauf zu einer Oase. Dort beschlossen sie, ein Bad zu nehmen. Der Freund, der geschlagen worden war, blieb auf einmal im Schlamm stecken und drohte zu ertrinken. Aber der andere rettete ihn buchstäblich in letzter Minute.

Nachdem sich der Freund, der fast ertrunken war, wieder erholt hatte, nahm er einen Stein und ritzte folgende Worte hinein: „Heute hat mein bester Freund mir das Leben gerettet."

Der Freund, der den anderen geschlagen und auch gerettet hatte, fragte erstaunt:

„Als ich dich gekränkt hatte, hast du deinen Satz nur

in den Sand geschrieben, aber nun ritzt du die Worte in einen Stein. Warum?"

Der andere antwortete: „Wenn uns jemand gekränkt oder beleidigt hat, sollten wir es in den Sand schreiben, damit der Wind des Verzeihens es wieder auslöschen kann. Aber wenn jemand etwas tut, was für uns gut ist, für das wir dankbar sein können, dann können wir das in einen Stein gravieren, damit kein Wind es jemals löschen kann."

Meilenstein 3

Dankbarer Umgang mit den Mitmenschen

Jeder von uns lebt in Beziehungen. Die Qualität der Beziehungen, in denen wir leben, macht letztlich die Qualität unseres Lebens aus. Ob Sie Ihr Dasein als gut und wertvoll empfinden, hängt unmittelbar mit Ihren Beziehungen zusammen. *Beziehungen machen das Leben reich – aber mitunter auch kompliziert.*

Wer sich an dem freut, was er kann, und sich der Möglichkeiten bewusst ist, die seine eigene Lebenssituation enthält, der kann andere in ihrer Andersartigkeit leichter annehmen und akzeptieren. *Sich an der eigenen Person erfreuen zu können, ist der erste Schritt, um in guten und gesunden Beziehungen zu leben.* Freuen Sie sich über sich selbst? Wie oft schauen gerade wir Frauen allzu kritisch in den Spiegel und meckern an uns selbst herum, klagen über die Dinge, die uns fehlen oder die wir gerne hätten. Hier ist zu wenig, da zu viel.

> Ein Mann und seine Frau gehen über einen Flohmarkt. An einem Tischbein lehnt ein alter, mit Goldrahmen verzierter Spiegel. Die Frau guckt in den Spiegel, stemmt ihre Hände in die Hüften und sagt: „Ja, das Bild hätte ich auch weggeworfen!“

Wenn unser kritischer Blick in den Spiegel etwas verändern würde, wären wir alle perfekt gestylt! Menschen, die an sich selbst vor allem das Schwache und Minderwertige sehen, können kaum mit sich im Frieden sein! Das wirkt sich natürlich auch auf den Umgang mit anderen Menschen aus.

Wissen Sie, welches Bild in der Bibel von uns gezeichnet wird?

„Ich blicke zum Himmel und sehe, was deine Hände geschaffen haben; den Mond und die Sterne – allen hast du ihre Bahnen vorgezeichnet. Was ist da schon der Mensch, dass du an ihn denkst? Wie klein und unbedeutend ist er, und doch kümmerst du dich um ihn. Ja, du hast ihm eine hohe Stellung gegeben – nur wenig niedriger als die Engel. Mit Ruhm und Ehre hast du ihn gekrönt.“ (Psalm 8,4-6)

Gott danken heißt, ihm ein Kompliment zu machen.

Wenn man dies liest, könnte man fast denken, wir sind Engel, da fehlen nur noch die Flügel. Es ist deshalb unbedingt notwendig (es wendet tatsächlich unsere innere Not), den eigenen Defiziten immer wieder unsere Begabungen, Fähigkeiten und Stärken gegenüberzustellen.

Ich habe in meiner Seelsorge-Ausbildung gelernt, dass man seinen Gesprächspartner bitten soll, zuerst acht Stärken und Gaben und dann vier Schwachpunkte aufzuschreiben. Wenn ich das während einer Seelsorgesitzung vorschlage, bekommen viele einen Schweißausbruch. „Acht Stärken? Nein, das kann ich nicht! Eine, vielleicht noch zwei, aber acht?“ Nachdem ich demjenigen geholfen habe, tatsächlich mindestens acht Begabungen zutage zu fördern, gehen wir zum zweiten Schritt über, den vier Schwachpunkten. Das macht den meisten weitaus weniger Mühe. „Was, nur vier? Da könnte ich eher acht aufschreiben!“

Der dritte Schritt ist dann eine noch größere Herausforderung: Nun soll mein Gegenüber die guten Seiten der vier Schwachpunkte herausfinden. Wenn jemand etwa wenig zielorientiert und dafür stärker beziehungsorientiert ist, wird er für einen anderen Menschen eher seine Arbeit unterbrechen, als der, der immer nur auf sein nächstes (Arbeits-)Ziel ausgerichtet ist. *So hat jeder Schwachpunkt auch eine starke Seite. Es kommt auf den Blickwinkel an, aus dem man ihn beurteilt.*

Ein eigenes Beispiel: Mein Mann sagt öfters, dass ich langsam und wenig zielstrebig sei. Er ist pünktlich und weiß immer genau, was er will. Wenn ich etwa um 10 Uhr in einem Café verabredet bin und mir auf dem Weg jemand begegnet, den ich schon länger nicht mehr gesehen habe, dann denke ich: „Toll, dass ich den mal wieder treffe, ich habe in den letzten Tagen so oft an ihn gedacht, jetzt rede ich erst mal fünf Minuten mit ihm, so eilig habe ich es nicht!“ Die negative Seite dieser Verhaltensweise ist offensichtlich: Ich bin öfters mal unpünktlich! Aber es gibt auch eine positive: Ich arbeite an meinen Beziehungen, halte Kontakte aufrecht etc. So haben die meisten Schwachpunkte in uns auch eine gute Seite.

Übung 5

Schreiben Sie in Ihr Buch acht Stärken und anschließend vier Schwachpunkte. Danach versuchen Sie, die Stärken Ihrer Schwachpunkte herauszufinden. Gehen Sie von Zeit zu Zeit diese Punkte noch einmal durch, dann werden Sie nach und nach ein realistischeres Bild von sich selbst bekommen. Reden Sie mit einem Menschen, der Sie gut kennt, über Ihre Entdeckungen. Vergleichen Sie Ihr Bild, das Sie von sich selbst haben, mit dem, das die andere Person von Ihnen hat.

Der Sprung in der Schüssel

Es war einmal eine alte chinesische Frau. Diese besaß zwei große Schüsseln, die von den Enden der Stange hingen, die sie über ihren Schultern trug.

Eine der Schüsseln hatte einen Sprung, während die andere makellos war und stets eine volle Portion Wasser fasste. Die beschädigte Schüssel war am Ende der langen Wanderung vom Fluss zum Haus der alten Frau immer nur noch halb voll.

Zwei Jahre lang geschah dies täglich: Die alte Frau brachte immer nur anderthalb Schüsseln Wasser mit nach Hause. Die makellose Schüssel war natürlich sehr stolz auf ihre Leistung, aber die arme Schüssel mit dem Sprung schämte sich wegen ihres Makels und war betrübt, dass sie nur die Hälfte dessen verrichten konnte, wofür sie gemacht worden war.

Nach zwei Jahren, die ihr wie ein endloses Versagen vorkamen, sprach die Schüssel zu der alten Frau: „Ich schäme mich so wegen meines Sprungs, aus dem den ganzen Weg zu deinem Haus immer Wasser ausläuft."

Die alte Frau lächelte. „Ist dir aufgefallen, dass auf deiner Seite des Weges Blumen blühen, aber auf der Seite der anderen Schüssel nicht? Ich habe auf deiner Seite des Pfades Blumensamen gesät, weil ich mir deines Fehlers bewusst war. Nun gießt du sie jeden Tag, wenn wir nach Hause laufen. Zwei Jahre lang konnte ich diese wunderschönen Blumen pflücken und den Tisch damit schmücken. Wenn du nicht genau so wärst, wie du bist, würde diese Schönheit nicht existieren und unser Haus beehren."

Jeder von uns hat seine ganz eigenen Macken und Fehler, aber oft sind es die Macken und Sprünge, die unser Leben so interessant und lohnenswert machen. Man sollte jede Person einfach so nehmen, wie sie ist, und das Gute in ihr sehen.

Ein selbstbewusster Mensch sagt nicht: „Ich bin so toll, ich habe keine Schwächen", er sagt: „Ich kenne meine Schwächen und Fehler, aber ich weiß auch, wo ich begabt bin und was mir gelingt!" Wie aus dieser inneren Einstellung zu mir selbst auch die Dankbarkeit für mich erwächst, genauso wächst daraus auch die Kraft, vorbehalt- und neidlos für meinen Nächsten dankbar zu sein.

Oft fehlt uns der gnädige Blick auf die Mitmenschen. Dabei können wir davon ausgehen, dass wir, ähnlich wie bei der Sichel des Mondes, nur einen kleinen Ausschnitt ihres Lebens sehen. Meist nehmen wir die Last nicht wahr, die sie tragen müssen. Der Volksmund sagt: „Unter jedem Dach ist ein Ach!" Wenn wir uns bewusst machen, dass jeder seine persönlichen Lebenskämpfe zu bestehen hat, können wir den anderen dankbarer und liebevoller beurteilen.

Die Welt ist eine optimistische Schöpfung: Alle Vögel singen in Dur!

In meinem Leben gibt es ein Schlüsselerlebnis, das ich Ihnen gerne weitergeben möchte: Wie es wahrscheinlich bei vielen Frauen der Fall ist, war ich in den ersten Jahren unserer Ehe nicht besonders dankbar für meinen Mann. Wir haben früh geheiratet und immer eine lebendige Ehe geführt, wobei Lebendigkeit viele Jahre lebhafte Auseinandersetzungen meint. Wie gesagt, war ich nicht besonders dankbar für ihn, im Gegenteil. Ich dachte oft: „Es gibt sicher bessere Männer und ich muss jetzt mit diesem vorliebnehmen."

Vor einiger Zeit sprachen wir über unsere Ehe und fragten uns, warum es die letzten Jahre so bergauf gegangen ist, warum wir nun so viel liebevoller miteinander umgehen können und wie ich nach mehr als 40 Jahren Ehe meinen Missmut ablegen konnte. Nach einigem Nachdenken hat es klick gemacht und ich habe erkannt: Seit ich anfing, dankbar für ihn zu sein, ging's mit uns beiden bergauf. Unsere Beziehung hat sich zum Positiven verändert, als ich begann, meine Sichtweise auf ihn zu verändern.

Er hatte mir schon vorher immer wieder gesagt, wie froh er ist, mich zu haben, und dass ich genau die richtige Frau für ihn bin. Ich habe das anfangs immer als Gesäusel abgetan, manchmal habe ich ihn sogar ausgelacht, auch wenn ich mich heimlich schon darüber gefreut habe. Ich habe damals ständig an ihm rumgemeckert, etwas, was uns Frauen leicht fällt, aber die Männer in der Regel gar nicht mögen.

Der Auslöser für mein Dankbarwerden waren Frauen in meinem Umfeld, die klagten, dass sie alleine leben und ihre Kinder ohne männliche Unterstützung großziehen müssen. Frauen, deren Ehe misslungen war und die sehr darunter gelitten haben. Da sind mir die Augen aufgegangen und ich habe gemerkt, wie gut ich es habe. Ich hatte meinen Mann und all seine guten Eigenschaften bis dahin als selbstverständlich genommen und nur die ärgerlichen Dinge an ihm gesehen.

Kommt ein Kunde aufgeregt in eine Drogerie und fragt: „Wer hat meiner Frau vor einer Stunde anstatt Zahnpasta Alleskleber verkauft?" – Lange Stille. Dann meldet sich das Lehrmädchen und gesteht es. Der Kunde geht auf sie zu, drückt ihr zehn Euro in die Hand und sagt: „Danke!"

Viele Partner haben aufgehört, einander zu lieben, weil ihnen die Dankbarkeit füreinander verloren gegangen ist. In einer Beziehung, die mit tausend Alltäglichkeiten zu kämpfen hat – mit offen gelassenen Zahnpastatuben, liegen gelassenen Schlafanzügen und dunklen Socken in der hellen Kochwäsche – ist es oft schwierig, den Blick auf die positiven Dinge zu richten. In seinem Buch „Gemeinsames Leben" schreibt Dietrich Bonhoeffer: *„In einer Beziehung ist es die Kunst, sich durch die vielen kleinen Gedanken, die einen ärgern, immer wieder hindurchzufinden zu den großen Gedanken, die einen stärken."*

Dankbare Gedanken über den anderen stärken die Beziehung. Undank entwertet. Dankbarkeit für einen Menschen gibt der Liebe Nahrung. Das gilt nicht nur für Partnerschaften. *Wir verwechseln oft Liebe mit Sympathie. Liebe, so wie sie von Gott her gedacht ist, ist eine Entscheidung für den anderen, egal, ob er sympathisch oder unsympathisch ist.* Gerade, wenn jemand unsympathisch ist, braucht er meine Liebe besonders, damit er sympathischer und heiler wird. Undank wertet den anderen ab, aber Dankbarkeit wertet auf! Jeder braucht Wertschätzung. Wertschätzung kann in dem anderen wiederum neue Dankbarkeit für das, was ihm entgegengebracht wird, aufsprudeln lassen.

Dankbarkeit erleichtert auch das Loslassen eines anderen Menschen. Über Todesanzeigen steht manchmal: „Wir wollen nicht klagen über das, was wir verloren haben, sondern dankbar sein, dass wir diesen Menschen haben durften." Diese Haltung macht nicht nur das Loslassen leichter, sondern es schützt uns auch vor Verbitterung.

Als unser erster Sohn aus dem Haus ging, fiel mir das unheimlich schwer. Ständig dachte ich an meine Erziehungsfehler, hatte ich doch allzu oft nur auf meine Kraft gebaut. Wie oft hatten uns unsere Kinder an die eigenen Grenzen gebracht. Dabei ist selbst das ein Grund, dankbar zu sein. Denn diese Grenzerfahrungen lassen uns wachsen. Zu reifen Menschen werden wir nicht am Strand von Mallorca, sondern in den Schwierigkeiten des Alltags. Die Idee, dankbar zu sein für die verbrachte Zeit und für all das, was uns durch ihn geschenkt wurde, kam mir zunächst nicht.

Ich habe gelernt und möchte dies allen Müttern an dieser Stelle zusprechen: Jeder macht Fehler! Nur wer nichts macht, macht nichts falsch, und das ist wiederum der größte Fehler. Allein die Tatsache, dass Sie dem Kind einen großen Teil Ihrer Lebenszeit geschenkt haben, Ihre Liebe und Fürsorge, ist schon ein großer Pluspunkt. Allein die Tatsache, dass Sie Ihre Kinder ins Leben gebracht haben, verdient Achtung und Dankbarkeit.

Umgekehrt gilt es für Kinder, dankbar zu sein für die Eltern, die getan haben, was sie konnten, auch wenn das nicht immer ideal gewesen sein sollte. Vertrauen Sie darauf, dass Gott jeden Mist, den wir Menschen produzieren, zu Humus verwandeln kann!

Das gilt auch bei einer weiteren Gruppe von Menschen: denjenigen nämlich, die uns ein Dorn im Auge sind. Kennen Sie eine solche Person? Es gibt Typen, bei denen man denkt: „Hätte ich ihn doch nur niemals getroffen!" Doch gerade hier verbirgt sich eine große Chance. Oft handelt es sich dabei um Menschen, die negative Eigenschaften haben, die wir an uns selbst ebenfalls feststellen. Wegen Dingen, die ich an mir selbst nicht leiden mag, lehne ich den anderen ab. Wenn wir hier ehrlich werden, haben wir die Chance zu entdecken, was wir an uns selbst verbessern können. Dann kommen wir ein Stückchen weiter auf dem Weg zu uns selbst. Das bewirkt echte Dankbarkeit für denjenigen, den ich nicht besonders mag, aber der mir geholfen hat, in meiner Persönlichkeit zu wachsen und zu reifen.

Dankbarkeit für Menschen ist uns nicht in die Wiege gelegt. Dafür müssen wir uns immer wieder neu entscheiden. Fragen Sie sich: Was für Gedanken habe ich über die Menschen um mich her? Was sind die Dinge, die mir durch sie geschenkt werden? Ich weiß, es gibt Menschen in meinem Leben, die hätte ich mir nie selbst ausgesucht, aber ich weiß, dass sie mir in den Weg gestellt wurden, damit ich in meiner Persönlichkeit reifen darf.

Übung 6

Welche Personen stehen mir eher im Weg? Was sind die Bereiche, in denen ich gerade durch diese Personen reifen und wachsen kann?

Meilenstein 4:

Neid entlarven

Mein Mann sagt immer, es sei wichtig, ein Ja zu seinen Begabungen zu finden – und ebenso zu seinen Begrenzungen. Er sagt, und das ist nicht ganz ernst gemeint, dass er ja auch nicht alles könne. Fürs Staubsaugen etwa wäre er total ungeeignet ...

Werden Sie dankbar, dass Sie nicht alles können und auch nicht alles können müssen. Wir sind von Gott auf Ergänzung angelegt und das ist gut so. Keiner muss sich überfordern, keiner muss sich überheben und stolz sein.

Dass ich leben darf, ist eine Gabe Gottes an mich! Dieses Geschenk anzunehmen und mich so akzeptieren, wie ich bin, das ist meine Lebensaufgabe. Mehr und mehr in die Persönlichkeit hineinzuwachsen, die Gott in mir sieht, ist ein lebenslanges Training. Es gibt eine Zeit in unserem Leben, in der noch niemand von unserer Existenz weiß: die ersten 14 Tage der Schwangerschaft. In diesen zwei Wochen unseres Lebens wissen weder Vater noch Mutter von uns. Gott ist der Erste, der ein bedingungsloses Ja zu uns sagt, lange bevor Menschen das tun können.

Der Undankbare gleicht einem Kübel voller Löcher.

Ich glaube, dass Gott von Anfang an eine Idee davon hat, wie wir werden sollen. Er sagt nicht: „Oh nein, nicht du jetzt auch noch! Wir haben sowieso Überbevölkerung!“, sondern: „Super, du mit deinem Potenzial wirst gebraucht, fehlst uns noch, herzlich willkommen auf diesem Globus!“ In dieses Bewusstsein hineinzuwachsen ist die große Herausforderung unseres Lebens. Damit werden wir zwar nie fertig, aber das macht nichts, die anderen schaffen das ja auch nicht – wir werden alle unfertig sterben.

Auf dem Weg dahin, uns selbst anzunehmen, ist das Vergleichen mit anderen oft ein dicker Stolperstein. An mir selbst habe ich festgestellt, dass ich mich schnell mit anderen Frauen vergleiche. *Das Ergebnis ist jedes Mal ähnlich: Die anderen sind besser, können alles besser und haben es besser.*

Wie geht es Ihnen? Wenn ich mich mit einem anderen Menschen vergleiche, wird das negative Folgen für mich selbst und auch für meine Beziehung zu dem anderen haben, denn ganz oft führt das zu Neid. Und der wiederum bewirkt Unzufriedenheit und Undankbarkeit. Sinn macht es vielleicht, wenn ich mich mit mir selbst vergleiche; etwa, ob ich in den letzten Wochen weitergekommen bin auf dem Weg zu mir selbst, zu meinen Mitmenschen oder zu Gott. Dummerweise haben wir aber die schlechte Angewohnheit, uns mit Menschen zu vergleichen, die eine ganz andere Persönlichkeit haben und in völlig anderen Umständen leben. Umstände, die mit uns und unserem Leben nichts, aber auch gar nichts, zu tun haben, geschweige denn vergleichbar sind. *Keiner ist so wie ich. Ich kann nicht Äpfel mit Birnen vergleichen, ich kann nicht Hanna mit Bärbel vergleichen!*

- Da denkt die gestresste Mutter: „Wie gut hat es meine Single-Nachbarin, die braucht sich nur um sich selbst kümmern und nur den Dreck wegmachen, den sie selbst verursacht hat!"
  - Die Single-Nachbarin denkt: „Wie gut es meine Nachbarin hat, bei der pulsiert das Leben: Die hat drei Kinder und einen tollen Mann. Wenn ich doch auch nur meiner Einsamkeit entrinnen könnte; wie gerne würde ich meinen stressigen Beruf an den Nagel hängen, um mich um einen Partner und so niedliche Kinder zu kümmern."

- Die Frau mit der kleinen Wohnung beneidet die mit großem Haus und Garten.
  - Die mit großem Haus und Garten beneidet die, die nur eine kleine Wohnung und nur zwei Balkonkästen zu pflegen hat.

- Geschwister beneiden einander um die Aufmerksamkeit der Eltern ...

Der Trugschluss ist immer gleich: Alles wäre besser, wenn ich das hätte oder könnte, was mein Nachbar, Freund, Bruder (usw.) hat.

Zwei Dinge bewirkt das Vergleichen in mir: *Einerseits werte ich mich selbst ab und fühle mich minderwertig, andererseits ärgere ich mich über den anderen, sodass ich anfange, ihn in Gedanken und Empfindungen herabzusetzen.* Vielleicht beginne ich sogar, in Gegenwart anderer schlecht über diesen Menschen zu reden. Mit der Folge, ihm nicht mehr offen in die Augen schauen zu können.

„Leute, die mit ihrer Unzufriedenheit zufrieden sind, nennt man Nörgler."
Werner Mitsch

Wir tun so, als wären wir das Opfer unserer schlechteren Lebensumstände. Wir verharren in dieser Haltung und denken: „Wenn ich doch bloß dieses oder jenes auch hätte." Wir merken gar nicht, dass wir uns damit die Freude am eigenen Leben rauben. Die Folge ist Unzufriedenheit und fehlende Selbstannahme. *Damit schade ich eigentlich nur mir selbst. Der andere merkt wahrscheinlich gar nichts von den Gedanken, die mich umtreiben.* Neid und Vergleichen mit anderen vergiften mein Denken. Und da sind wir wieder bei unserem ersten Meilenstein: Dem Guten in meinem Leben nach-denken und dafür dankbar sein. So sollen wir handeln. Das schützt dann auch vor solchen Neidgedanken.

Die Frage, die ich mir stellen muss, lautet: Bin ich tatsächlich schlechter dran als der andere oder geht's mir nur schlecht, weil ich mir einbilde, dass er etwas hat, von dem ich meine, es zu brauchen? Wenn das Letztere der Fall ist, blockiert mich das und ich kann mich weder an mir noch an meinem Leben freuen. *Richtet sich der*

Fokus eines Menschen so sehr auf den Neidaspekt, verliert er den Blick für das Besondere, für das Schöne seines Daseins. Das eigene Leben hat nichts mehr zu bieten.

> Es ist nicht schwer, Menschen zu finden, die mit 60 Jahren zehnmal so reich sind, wie sie es mit 20 waren. Aber nicht einer von ihnen behauptet, er sei zehnmal so glücklich.

Verena Kast, eine Schweizer Psychologin, beschreibt Neid als ein Gefühl, das sich zusammensetzt aus Trauer, Wut und Hass.

- Trauer über die Möglichkeiten, die man selbst nicht hat bzw. meint, nicht zu haben,
- Wut auf sich selbst oder die Lebensumstände
- und Hass auf die Menschen, die etwas haben, was man selbst gerne hätte oder wäre.

Wir alle werden mitunter mal von diesen Gefühlen geplagt, der eine mehr, der andere weniger.

In den Sprüchen Salomos können wir lesen: „Wer gelassen und ausgeglichen ist, lebt gesund. Der Eifersüchtige wird von seinen Gefühlen innerlich zerfressen." (Sprüche 14,30). Der Mensch hat sich in Tausenden von Jahren nicht geändert, Eifersucht und Neid sind keine Erfindung der Neuzeit! Der Eifersüchtige wird von seinen Gefühlen regiert und wenn Gefühle uns regieren, dann können diese uns innerlich zerfressen.

Wenn Sie Spuren von Neid und eifersüchtigem Verhalten in Ihrem Leben entdecken, dann versuchen Sie nicht, diese zu ignorieren und kleinzureden: „Ach, das geht doch allen mal so, das kann ja mal passieren". Reden Sie sich den Neid nicht schön, es wird nichts verändern. Nehmen Sie es ernst, wenn Sie diese Dinge in Ihrem Leben entdecken. Reden Sie mit jemandem drüber, verraten Sie sich, sagen Sie, dass Sie Ihre Grundhaltung ändern möchten.

Die Folge solchen Neid-Verhaltens ist häufig Einsamkeit. Sie blockieren mit Neidgefühlen das Gemeinschaftsgefühl. Verantwortung und Nächstenliebe bleiben auf der Strecke. Man wird schuldig an sich selbst und anderen.

Schuldig werden gehört zum Menschsein. Jesus Christus ist in diese Welt gekommen, um uns aus Schuld, die wir alle immer wieder auf uns laden, zu befreien, uns aus der Schuldverstrickung zu erlösen und der Selbstverdammung ein Ende zu machen. Wir sind nicht verpflichtet, von Schuld unser Leben blockieren zu lassen. Im Neuen Testament steht, dass wir diese eingestehen dürfen, dazu stehen können, sodass Gott dazu sagen kann: „Ich vergebe dir!" „Wenn wir aber unsere Sünden bekennen, dann erfüllt Gott seine Zusage treu und gerecht: Er wird unsere Sünden vergeben und uns von allem Bösen reinigen." (1. Johannes 1,9) Jesus hat am Kreuz sein Leben für uns gelassen, deshalb müssen wir das nicht mehr selbst tun. Wir müssen uns nicht in unseren Schuldgefühlen einigeln, sondern können uns entscheiden, seine Vergebung anzunehmen. Wir müssen unser Leben nicht von Schuld und Schuldgefühlen bestimmen lassen, sondern können sein Angebot für uns in Anspruch nehmen. So beten wir das ja auch im Vater Unser: „Vergib uns unsere Schuld, wie auch wir vergeben unsern Schuldigern." Dann werden wir frei und können neu beginnen. Das ist ein echter Meilenstein, auch auf dem Weg zur Dankbarkeit. Alles, was sich bei uns an Lebensabfall ansammelt, können wir bei Jesus unter dem Kreuz abladen. Dann können wir aufatmen und werden einen neuen Horizont, einen weiten Blick bekommen. Er spricht uns unseren Wert neu zu und gibt uns die Würde zurück, die wir beim neidischen Vergleichen suchen. Dann kommt Freude auf, wenn wir uns über uns selbst und auch über die Vergebung freuen.

„Der beste Weg, sich selbst eine Freude zu machen, ist zu versuchen, einem anderen eine Freude zu bereiten."
Mark Twain

Wenn wir Dankbarkeit und Freude in unserem Leben mehr Raum gewinnen lassen, dann bewahrheitet sich das Sprichwort: Wolltest du Gott Dank für jede Freude sagen, du fändest keine Zeit zu klagen!

Unlustige Lebensregeln

Das Leben ist kein Honigschlecken. Man kann nicht früh genug damit beginnen, es ernst zu nehmen. Die ersten Gedanken beim Aufwachen gelten der Schwere des Tages und den Widerwärtigkeiten des Lebens. Noch besser ist es, vor dem Einschlafen darüber zu meditieren, damit man die negativen Gedanken beim Aufwachen gleich zur Hand hat.

Der kluge Mann baut vor! Nur oberflächliche Menschen begnügen sich mit den Sorgen für den heutigen Tag. Denke heute schon darüber nach, ob der gefürchtete Französischlehrer nächste Woche eine Prüfungsarbeit für die übernächste Woche ansagen könnte.

Selbstmitleid ist die Würze des Lebens! Nimm alles persönlich! Das mürrische Gesicht der Verkäuferin ist eine persönliche Beleidigung und der Busfahrer fährt dir absichtlich vor der Nase weg, um dich zu ärgern. Vergleiche dich nur mit Menschen, die es besser haben als du, und ausschließlich in den Punkten, in denen sie dir voraus sind. Hüte dich, ihre ganze Lebensgeschichte zu sehen, sonst könnte deinem Neid die Luft ausgehen. Unangenehmes, Lästiges schiebe möglichst lange vor dir her, du hast dann mehr davon. Arbeite immer an mehreren Dingen gleichzeitig. Stress ist eine Krankheit, auf die du stolz sein kannst. Positive Erfahrungen solltest du nie überbewerten und möglichst schnell wieder vergessen. Es waren ja sowieso nur Ausnahmen. Am Abend vor dem Einschlafen ... siehe oben!

Meilenstein 5

Dankbar auch in Schwierigkeiten

Ein kleiner Junge baut wochenlang ein Segelschiff. An dem Tag, an dem er es auf der Ostsee zu Wasser lässt, kommt ein heftiger Sturm auf und lässt das Schiff untergehen. Daraufhin der Junge: „Tolles Wetter zum Drachensteigen!"

Wer in glücklichen Zeiten dankbar ist, gibt in unglücklichen nicht auf. Bleiben Sie dankbar *in* schwierigen Situationen, nicht *für* die Schwierigkeiten.

„Dort, wo wir verwundet sind, wo wir gebrochen sind, dort sind wir auch aufgebrochen für Gott. Wie die Auster, in die ein Fremdkörper eingedrungen ist. Sie ‚versöhnt' sich mit dem Fremdkörper, indem sie an der verwundeten Stelle eine Perle produziert. Oft wächst etwas Kostbares gerade an den wunden Stellen unserer Beziehung. Denn besonders da kommt unser wahres Selbst zum Vorschein. Wir werden echt und auch die Beziehung wird echt."
Henry Nouwen

Vielleicht empfinden Sie den letzten Meilenstein auf dem Weg zu einem dankbaren Leben als eine Zumutung. Das könnte ich gut verstehen, besonders dann, wenn Sie sich gerade in einer Lebenssituation befinden, die alles andere als Dank in Ihnen hervorruft. Da sagen Sie sich: „Ja die hat leicht schreiben, der scheint's ganz gut zu gehen.“

- Vielleicht haben Sie gerade Ihren Arbeitsplatz verloren und wissen nicht, was die Zukunft Ihnen bringt.
- Vielleicht wurde bei Ihnen eine schwere Krankheit diagnostiziert und Sie wissen nicht, wie sie ausgeht.
- Vielleicht sind Sie von anderen Menschen zutiefst enttäuscht worden, etwa in Ihrer Familie oder in einer Freundschaft.
- Vielleicht wissen Sie keinen Rat mehr für Ihre Partnerschaft oder haben keine Ahnung, wie Sie mit Ihren pubertierenden Kindern klarkommen sollen.
- Vielleicht sind Sie gerade stinksauer auf Gott und die Welt, weil Sie sich seit Jahren nach einem Partner sehnen und Sie trotzdem immer noch allein sind.

Die oben beschriebenen Situationen dürfen uns nicht dazu verleiten, die Dankbarkeit aus dem Auge zu verlieren. Jetzt denken Sie vielleicht: „Wie kann ich danken, wenn ich mich überhaupt nicht danach fühle, das ist doch Selbstbetrug!“ Ich kann Sie gut verstehen!

Albert Schweitzer hat einmal gesagt: *„Unser inneres Glück hängt nicht von dem ab, was wir erleben, sondern vom Grad der Dankbarkeit, die wir Gott entgegenbringen, ganz egal, was* *wir erleben!*" Stellen Sie sich doch mal einen Menschen vor, der in einer leidvollen Situation ist. Sie besuchen ihn und wollen ihn trösten. Schnell merken Sie, er leidet nicht nur an der Situation, in der er sich befindet, sondern auch an seiner Verbitterung und Anklage. *Ein undankbarer Mensch vergräbt sich häufig im eigenen Leid. Da haben Sie keine Chance, da können Sie noch so einen schönen Blumentopf mitbringen.*

Die Gemeindemitglieder sind nicht arm, aber mehr als sparsam. Zum vierten Mal versucht der Pastor, durch eine sonntägliche Kollekte zu Geld zu kommen. „Ich lasse jetzt nicht den Klingelbeutel rumgehen, sondern ich nehme einfach einen Hut. Da mag jeder hineinwerfen, was er glaubt, geben zu können." Erwartungsvoll sieht er den Hut von Hand zu Hand gehen. Dann kommt der Hut zurück. Er ist leer. Spontan fällt der Pastor auf die Knie, hebt die Hände und betet: „Herr, ich danke dir, dass bei dieser Gemeinde wenigstens der Hut zurückgekommen ist."

In Psalm 77 klagt David Gott an: „Hat Gott vergessen, uns gnädig zu sein? Warum verschließt er uns im Zorn sein Herz? Das ist es, was mich am meisten schmerzt: Gott, der Höchste, verhält sich jetzt anders als vorher – er setzt sich nicht mehr für uns ein!" (Psalm 77, 10+11). Ab Vers 12 benennt David schließlich, nach einigen Versen der Klage, selbst die Therapie. Sie wissen ja, wir haben viele gute Selbstheilungskräfte von Gott geschenkt bekommen. Er sagt: „Ich erinnere mich an deine großen Taten, Herr, und denke an die Wunder, die du einst vollbracht hast. Ich führe mir vor Augen, was du getan hast, immer wieder mache ich es mir bewusst." (Psalm 77,12+13)

Wir Menschen sind vergesslich und vergesslich waren die Menschen schon zu allen Zeiten. Aber zum Glück haben wir in unserem Gehirn einen Platz für das Abspeichern guter Erlebnisse, guter Erfahrungen. Machen Sie Gehirn-Jogging und erinnern Sie sich an das Gute im Leben. Übrigens, wenn ein Gehirn einen Schlag bekommt, unserem Sohn ist das mal bei einem Fußballspiel passiert, dann geht zuerst das Erinnerungsvermögen weg, dann weiß derjenige weder, wo noch wer er ist. Erst nach einer Weile kommt das Erinnerungsvermögen wieder.

Dankbarkeit ist das Gedächtnis des Herzens.

Undankbarkeit verhärtet das Herz und hält Gott und Menschen auf Sicherheitsabstand. Man kommt an einen solchen Menschen nicht heran. Zu allem Leid, das dieser Mensch zu tragen hat, wird er auch noch einsam. In seinem Brief an die Thessalonicher schreibt der Apostel Paulus: „Dankt Gott für alles. Denn das erwartet Gott von euch, weil ihr zu Jesus Christus gehört." (1. Thessalonicher 5,18)

In meinem Glauben gehe ich davon aus, dass Gott

ein Vater ist, der nur das Beste für uns will. Die Frage stellt sich mir: Soll ich ihm auch für das Böse in meinem Leben danken?

Wir hinterfragen schnell, ob wir für das Böse danken sollen, aber wir fragen nicht, ob das, was uns an Bösem passiert, durch das Einwirken Gottes uns nicht auch zum Guten dienen kann *(siehe Beispiele S. 17+18)*.

Er ist der Einzige, der unsere Vergangenheit, Gegenwart und unsere Zukunft kennt. Der Weisheit Gottes, die auch unser zukünftiges Leben überblickt, zu vertrauen, trägt uns auch in dunklen Tagen. Gott ist der Einzige, der Böses in Gutes verwandeln kann, selbst Situationen, die menschlich gesehen aussichtslos sind. An diesem letzten Meilenstein kann ich Ihnen nur dieses Vertrauen, diesen Glauben an die Güte Gottes, empfehlen, aber ob Sie auf diese Art glauben wollen, müssen Sie für sich ganz persönlich entscheiden. Gott hat durch seinen Sohn Jesus schon einmal bewiesen, dass er Böses zum Guten und Tod in Leben verwandeln kann. Das feiern wir ja immer zu Ostern. Er ist der Einzige, dem das möglich ist.

„Ich freue mich jedes Mal, wenn schlechtes Wetter ist; denn wenn ich mich nicht freue, ist auch schlechtes Wetter."
Ernst Kirchgässer

Schlussgedanken

Lassen Sie uns in Zukunft vorsichtig sein mit unseren Urteilen und stattdessen Gott danken. Vergessen Sie dabei nicht, Geduld zu haben, denn: *„Dankbarkeit ist eine wunderliche Pflanze, sobald man ihr Wachstum erzwingen will, verdorrt sie."* (Jeremias Gotthelf)

Gehen Sie diesen Weg zur Dankbarkeit langsam, aber bleiben Sie dran. Rasten Sie immer wieder mal an den einzelnen Meilensteinen. Aber rasten Sie nicht gleich aus, wenn Veränderung nicht sofort geschieht. Dank kommt von Denken. Das an Gott gebundene Denken führt zum Danken. Das von Gott losgelöste Denken führt zu Dünkel und Stolz, zu Neid und zu Überheblichkeit.

Wer beim Nachdenken Gott mit einbezieht, wird dankbarer und barmherziger mit sich und anderen umgehen. Wer Gott dafür dankt, dass er lebt, wird immer mehr in Gott ruhen statt in der eigenen Leistung, er wird gelassener auf sich und andere reagieren, weil er loslassen kann, sich in Gott loslassen kann. „Herr, ich danke dir dafür, dass du mich so wunderbar und einzigartig gemacht hast! Großartig ist alles, was du geschaffen hast – das erkenne ich!" (Psalm 139,14)

- Wer meckern will, findet immer etwas.
- Wenn es regnet, meckern die Leute, dass es regnet.
- Wenn die Sonne scheint, meckern die Leute, dass es zu heiß ist.

- Wenn es schneit, meckern die Leute, dass die Straßen zu glatt sind.
- Wenn es im Winter nicht schneit, meckern die Leute, dass man mit den Kindern keinen Schlitten fahren kann.

Übung 7

Werden Sie vom Korinthenkacker zum Erbsenzähler

Stecken Sie sich morgens eine kleine Handvoll getrockneter Erbsen in die rechte Hosentasche. Wenn Ihnen im Laufe des Tages kleine (oder große) schöne Begebenheiten widerfahren, stecken Sie eine Erbse von der rechten in die linke Hosentasche. Das kann sein: ein unverhofftes Lächeln, ein Lob von Kollegen, ein kleiner Plausch im Treppenhaus oder über dem Gartenzaun, ein besonders schönes buntes Blatt vor Ihren Füßen, die Färbung des Himmels, ohne Schmerzen zu sein, unbeschwert ein- und ausatmen zu können, ein Anruf von einem Freund, ein gutes Essen ... abends sieht man dann das Ergebnis: viele Gründe zur Dankbarkeit.